Essential Mathematics

Book 8
Answers

Elmwood Press

© David Rayner

First published 2001 by
Elmwood Press
80 Attimore Road
Welwyn Garden City
Herts. AL8 6LP

All rights reserved. No part of this publication may be reproduced, stored in a retrieval system, or transmitted, in any form or by means, electronic, mechanical, photocopying, recording or otherwise, without the prior permission of Elmwood Press.

British Library Cataloguing in Publication Data

Rayner, David

   1. Mathematics—1961–
   1. Title

ISBN 1 902 214 196

Typeset and illustrated by Tech-Set Ltd, Gateshead, Tyne and Wear
Printed in Great Britain by P. Linard & Co. Print Ltd.
57-63 Brownfields, Welwyn Garden City, AL7 1AN.
www.linards.co.uk

BOOK 8   ANSWERS

page 1   *Exercise 1*

1. 18   2. 5   3. 20   4. 14   5. 6   6. 32
7. 17   8. 9   9. 17   10. 33   11. 80   12. 23
13. 21   14. 19   15. 20 000 16. 40   17. 0·01   18. 81
19. 15   20. 97   21. (a) 13, 18   (b) $\frac{1}{2}, \frac{1}{4}$ (c) 25, 36
22. (a) $10^2 = 1 + 3 + 5 + \ldots + 17 + 19$ (b) $n = 199$

page 2   *Exercise 2*

1. (a) 7   (b) add 5   2. (a) 5, add 2   (b) 80, subtract 3   (c) 3, double
3. 4, 11, 18, 25, 32
4. (a) 6, 9, 12, 15, 18
   (b) 32, 30, 28, 26, 24   (c) 5, 10, 20, 40, 80   (d) 6000, 600, 60, 6, 0·6
5. (a) 63   (b) 4   (c) 3, 7, 15, 31   6. (a) 14   (b) 3, 68   (c) 11, 32, 95
7. (a) add $\frac{1}{4}$ (b) double   (c) subtract 0·1   (d) divide by 2
8. (a) 2   (b) 3   (c) 50   (d) 2·3, 1·9   9. 1111 0 88889, 1111111 088888889
10. $5 \times 99 = 495, 6 \times 99 = 594$ 11. various answers

page 5   *Exercise 3*

1. (a) 60   2. (a) Diagram 4 has 63 squares   (b) Diagram 5 has 99 squares
3. Diagram 6 requires 81 sticks   4. (a) 46, 61   (b) 58, 81   (c) 76, 104
5. (a) 145   (b) Row B 127, Row C 109   6. (b) 42, 16, 5
7. (a) 135   (b) 223   (c) 136   8. (a) 26   (b) 13 storeys

page 8   *Exercise 1*

1. $\frac{3}{7}$ 2. $\frac{5}{6}$ 3. $\frac{3}{4}$ 4. $\frac{5}{9}$ 5. $\frac{7}{10}$ 6. $\frac{5}{11}$ 7. $\frac{4}{8}$
8. $\frac{4}{6}$ 9. $\frac{6}{10}$ 10. $\frac{6}{8}$ 11. $\frac{8}{10}$ 12. $\frac{2}{6}$ 13. $\frac{5}{10}$ 14. $\frac{2}{8}$
15. $\frac{4}{5}$ 16. $\frac{3}{4}$ 17. $\frac{5}{6}$ 18. $\frac{7}{8}$ 19. $\frac{5}{8}$ 20. $\frac{9}{10}$ 21. $\frac{7}{10}$
22. $\frac{3}{8}$ 23. $\frac{1}{2}$ 24. $\frac{3}{8}$ 25. $\frac{1}{2}$ 26. $\frac{3}{8}$ 27. $\frac{1}{2}$ 28. $\frac{3}{10}$
29. $\frac{3}{16}$ 30. $\frac{3}{20}$ 31. $\frac{3}{8}$ 32. $\frac{7}{10}$ 33. $\frac{1}{8}$ 34. $\frac{3}{8}$

page 9   *Exercise 2*

1. (a) $\frac{9}{10}$ (b) $\frac{6}{10} - \frac{5}{10} = \frac{1}{10}$ (c) $\frac{5}{10} - \frac{2}{10} = \frac{3}{10}$
2. (a) $\frac{5}{15} + \frac{6}{15} = \frac{11}{15}$ (b) $\frac{7}{14} + \frac{2}{14} = \frac{9}{14}$ (c) $\frac{8}{20} + \frac{5}{20} = \frac{13}{20}$
3. (a) $\frac{10}{21}$ (b) $\frac{11}{30}$ 4. (a) $\frac{4}{12}$ (b) $\frac{10}{12}$ (c) $\frac{5}{12}$
5. (a) $\frac{5}{6}$ (b) $\frac{1}{6}$ (c) $\frac{11}{12}$ (d) $\frac{5}{12}$ (e) $\frac{7}{12}$ (f) $\frac{5}{12}$
6. (a) $\frac{8}{15}$ (b) $1\frac{1}{15}$ (c) $\frac{9}{20}$ (d) $\frac{3}{10}$ (e) $\frac{5}{12}$ (f) $\frac{7}{15}$
7. (a) $\frac{1}{6}$ (b) $\frac{2}{3}$ (c) $\frac{2}{3}$ (d) $\frac{5}{6}$ (e) $\frac{9}{16}$ (f) various
8. (b) $2\frac{5}{12}$ 9. (a) $3\frac{13}{20}$ (b) $3\frac{5}{12}$ (c) $4\frac{1}{6}$ (d) $\frac{2}{3}$ (e) $1\frac{7}{12}$ (f) $6\frac{1}{10}$
10. 200 ml   11. (a) 40 000 gallons   (b) 24 000 gallons   12. 12

13.

+	$\frac{1}{4}$	$\frac{1}{6}$	$\frac{1}{2}$	$\frac{2}{3}$
$\frac{1}{3}$	$\frac{7}{12}$	$\frac{1}{2}$	$\frac{5}{6}$	1
$\frac{3}{8}$	$\frac{5}{8}$	$\frac{13}{24}$	$\frac{7}{8}$	$1\frac{1}{24}$
$\frac{1}{5}$	$\frac{9}{20}$	$\frac{11}{30}$	$\frac{7}{10}$	$\frac{13}{15}$
$\frac{1}{2}$	$\frac{3}{4}$	$\frac{2}{3}$	1	$1\frac{1}{6}$

page 12 Exercise 3

1. (a) $\frac{1}{12}$ (b) $\frac{3}{25}$ (c) $\frac{3}{20}$
2. (a) $\frac{6}{25}$ (b) $\frac{3}{28}$ (c) $\frac{3}{20}$ (d) $\frac{1}{8}$ (e) $\frac{5}{16}$ (f) $\frac{5}{8}$ (g) $\frac{3}{14}$ (h) $\frac{3}{40}$ (i) $\frac{2}{15}$ (j) $\frac{3}{22}$ (k) $\frac{1}{3}$ (l) $\frac{1}{3}$
3. A = $\frac{1}{4}$ m², B = $\frac{1}{2}$ m², C = $\frac{1}{12}$ m², D = $\frac{1}{6}$ m²   **4.** $4\frac{1}{2}$
5. (a) $10\frac{1}{2}$ (b) $6\frac{1}{4}$ (c) $9\frac{1}{3}$ (d) $7\frac{1}{2}$ (e) $\frac{2}{3}$ (f) $2\frac{1}{3}$ (g) $2\frac{3}{4}$ (h) $2\frac{2}{3}$ **6.** 32
7. (a) $2\frac{1}{3}$ (b) $\frac{7}{20}$
8. (a) $\frac{5}{8}$ (b) $\frac{5}{12}$ (c) $1\frac{1}{20}$ (d) 1 (e) $\frac{13}{40}$ (f) $2\frac{11}{20}$ (g) $3\frac{3}{4}$ (h) $12\frac{1}{4}$ **9.** $8\frac{1}{8}$ square inches

page 14 Exercise 4

1. (a) 3 (b) 6 (c) 12   **2.** (a) 4 (b) 12 (c) 24   **3.** (a) 20 (b) 15 (c) 14
4. (a) 5 (b) 6 (c) 10 (d) 4 (e) 27 (f) 36   **5.** (b) Right hand column: 60, 30, 20, 15, 12
6. (a) 20   (b) 24   (c) 20   (d) 6   (e) 22   (f) 25

page 15 Exercise 5

1. 2   **2.** $\frac{2}{3}$ **3.** $2\frac{1}{4}$ **4.** $1\frac{1}{3}$ **5.** $\frac{2}{5}$ **6.** $2\frac{1}{2}$ **7.** $\frac{15}{16}$
8. 3   **9.** $2\frac{1}{2}$ **10.** $\frac{3}{5}$ **11.** $\frac{50}{63}$ **12.** $3\frac{1}{2}$ **13.** $\frac{5}{7}$ **14.** $\frac{3}{4}$
15. $7\frac{1}{3}$ **16.** $\frac{1}{6}$ **17.** $\frac{1}{5}$ **18.** $\frac{5}{42}$ **19.** $\frac{2}{27}$ **20.** $\frac{5}{33}$ **21.** 14
22. 24   **23.** 8   **24.** 50   **25.** 36 mm   **26.** £2·24

page 16 Exercise 1

(All areas in cm²)   **1.** 35   **2.** 40   **3.** 12   **4.** 27   **5.** 33   **6.** 20
7. (a) D   (b) B   (c) C, D   **8.** (a) 7 cm²

page 17 Exercise 2

1. 40 cm²   **2.** 42 cm²   **3.** 40 cm²   **4.** 70 cm²   **5.** 25 cm²
6. 24 cm²   **7.** 24 cm²   **8.** 6 cm   **9.** Various
10. A = 64 cm², B = 48 cm²   **11.** £6   **12.** 65 cm²   **13.** 800 m
14. 8   **15.** 17   **16.** 9   **17.** 14·1   **18.** 7·9
19. 1·7   **20.** 80 cm   **21.** (a) 12   (b) $10\frac{1}{2}$ (c) $14\frac{1}{2}$ (d) 14

page 19 Find the connection

The areas of triangles 1, 2 and 3 are each equal to the area of the shaded triangle. This is known as Cross' Theorem. (The result was found by a schoolboy called David Cross).

Book 8

page 20 **Exercise 1**

1. (a) −1 (b) 2 (c) 3 (d) −3 (e) −4 (f) 3
   (g) −5 (h) −1 (i) −6 (j) −1 (k) −3 (l) 5
2. (a) −5 (b) −6 (c) −1 (d) 0 (e) −4 (f) −2
   (g) −8 (h) −10 (i) −20 (j) −16 (k) 3 (l) 14
3. (a) 0, −3 (b) −5 (c) −20, −15
4. (a)

+	7	−1	4	−2
1	8	0	5	−1
−3	4	−4	1	−5
2	9	1	6	0
5	12	4	9	3

(b)

+	−5	3	8	1
−1	−6	2	7	0
2	−3	5	10	3
4	−1	7	12	5
−2	−7	1	6	−1

page 21 **Exercise 2**

1. (a) 3 (b) −1 (c) 0 (d) −4 (e) 6 (f) −1
   (g) 4 (h) 6 (i) 9 (j) 8 (k) 8 (l) 5
2. (a) 6 (b) 12 (c) −2 (d) 1 (e) 10 (f) 3
   (g) 11 (h) 6 (i) −10 (j) −1 (k) −3 (l) 1

3.

a	9	3	8	3	2	5	4	7	1	1
b	5	5	3	7	−2	−2	6	10	4	2
$a-b$	4	−2	5	−4	4	7	−2	−3	−3	−1

a	−3	4	3	5	7	4	6	7	2	0
b	0	9	−3	−1	−1	−6	0	5	−1	2
$a-b$	−3	−5	6	6	8	10	6	2	3	−2

page 23 **Exercise 4**

1. −10 2. −8 3. −14 4. 6 5. 3 6. 4
7. −10 8. −5 9. −8 10. 9 11. −18 12. 8
13. −6 14. 8 15. −3 16. 5 17. 20 18. −4
19. 3 20. −3
21. (a) 14 (b) −18 (c) −1 (d) −30 (e) 4 (f) −4
    (g) 20 (h) −23 (i) −8 (j) 0 (k) 9 (l) −18
22. (a) −3 (b) −4 (c) 2 (d) −1 (e) −3 (f) −2
    (g) −6 (h) −20 (i) −10 (j) −2 (k) −2 (l) 1

page 24 **Review exercise**

1. (a) 6 (b) −1 (c) −28 (d) 1 (e) −9 (f) 0
   (g) −13 (h) −48 (i) −9 (j) 4 (k) 10 (l) −1
2. (a) −10 (b) −2 (c) 15 (d) −2 (e) 13 (f) 3
   (g) −14 (h) −2 (i) 10 (j) 0 (k) 16 (l) −1
3. (a) −5 (b) −1 (c) −2 (d) 1 (e) −1 (f) −5
   (g) 6 (h) −27 (i) −0.5 (j) 36 (k) −12 (l) 1

Book 8

4. Add

Add	−2	4	−5	3	−1
−3	−5	1	−8	0	−4
0	−2	4	−5	3	−1
1	−1	5	−4	4	0
5	3	9	0	8	4
2	0	6	−3	5	1

5.

×	−2	5	3	−1	4
−4	8	−20	−12	4	16
6	−12	30	18	−6	24
−3	6	−15	−9	3	−12
−1	2	−5	−3	1	−4
5	−10	25	15	−5	20

6. (a) −2, 5   (b) −4, 3   (c) −2, 6
7. (a) −2, −5   (b) −3, −10   (c) −2, −3   (d) −1, 6   (e) −2, −6   (f) −5, 3
    (g) −6, −7

page 25   **Practice tests**

Test 1
1. −16   **2.** 64   **3.** −15   **4.** −2   **5.** 15   **6.** 18   **7.** 3
8. −6   **9.** 11   **10.** −48   **11.** −7   **12.** 9   **13.** 6   **14.** −18
15. −10   **16.** 8   **17.** −6   **18.** −30   **19.** 4   **20.** −1

Test 2
1. 100   **2.** −20   **3.** −8   **4.** −7   **5.** −4   **6.** 10   **7.** 9
8. −10   **9.** 7   **10.** 35   **11.** −20   **12.** −24   **13.** −10   **14.** −7
15. −19   **16.** −1   **17.** −5   **18.** −13   **19.** 0   **20.** 8

Test 3
1. −16   **2.** 6   **3.** −13   **4.** 42   **5.** −4   **6.** −4   **7.** −12
8. −20   **9.** 6   **10.** 0   **11.** 36   **12.** −10   **13.** −7   **14.** 10
15. 6   **16.** −18   **17.** −9   **18.** 15   **19.** 1   **20.** 0

Test 4
1. 0   **2.** −16   **3.** −14   **4.** 24   **5.** −1   **6.** 14   **7.** −2
8. −2   **9.** 7   **10.** 33   **11.** −1   **12.** −30   **13.** −28   **14.** 19
15. −9   **16.** −8   **17.** 1   **18.** −9   **19.** −16   **20.** 4

page 26   **Exercise 1**

1. (a) 1, 2, 3, 4, 6, 12   (b) 1, 2, 3, 5, 6, 10, 15, 30   (c) 1, 17   (d) 1, 2, 5, 10, 25, 50   **2.** 21, 28
3. (a) 1, 2, 3, 4, 6, 8, 12, 24   (b) 1, 2, 4, 5, 8, 10, 20, 40   (c) 1, 2, 4, 8
4. (a) 1, 2, 4, 7, 14, 28   (b) 1, 2, 3, 4, 6, 9, 12, 18, 36   (c) 1, 2, 4   (d) 4
5. (a) 6   (b) 7   **6.** (a) $1 \times 28, 2 \times 14, 4 \times 7$ (b) $1 \times 30, 2 \times 15, 3 \times 10, 5 \times 6$
7. (clockwise from top) (a) 5, 4, 11   (b) 7, 9, 5   (c) 6, 8, 9
8. (a) 3, 6, 9, 12   (b) 7, 14, 21, 28   (c) 10, 20, 30, 40   (d) 15, 30, 45, 60   **9.** 60
10. LCM = 24   **11.** 80   **12.** (a) true   (b) false   (c) false
13. 13, 31, 67   **14.** 41   **15.** 59, 61
16. (a) one   (b) one
17. 17, 71; 37, 73; 79, 97
18. 10, 15 are next triangle numbers

Book 8

page 28 Exercise 2

1. $108 = 2^2 \times 3^3$, $300 = 2^2 \times 3 \times 5^2$
2. (a) $2^3 \times 3$ (b) 3^4 (c) $2^2 \times 3 \times 7$ (d) $2^3 \times 5^2$
   (e) $2 \times 3 \times 7^2$ (f) $2 \times 3^2 \times 5 \times 7$ (g) $2^3 \times 7^2$ (h) $2^3 \times 3^2 \times 5 \times 11$
3. 7 4. 15 5. 25 6. 6, 49 7. 10, 18, 21
8. $13 = 4 + 9$, $17 = 1 + 16$, $29 = 4 + 25$, $37 = 1 + 36$, $41 = 16 + 25$, $53 = 4 + 49$, $61 = 25 + 36$, $73 = 9 + 64$, $89 = 25 + 64$, $97 = 16 + 81$

page 29 Exercise 3

1. (a) 64 (b) 125 (c) 216 (d) 1000
2. 64
3. 3, 5, 4
4. 9, 1, 32, 7, 10 000, 121, 10 000, 0·01, $\frac{1}{4}$, 1 000 000
5. <, =, <, <, <, >
6. 16807, 15625, 0·125, 19·4481
7. 3, 7, 5
8. (a) 2^5 (b) 3^7 (c) 5^5 (d) 4^{10}

page 30 Exercise 1

1. (a) 8·2 (b) 7·2 (c) 0·8 (d) 11·3
   (e) 0·4 (f) 8·7 (g) 11·5 (h) 0·6
2. (a) 1·25 (b) 8·04 (c) 11·22 (d) 3·08
   (e) 0·14 (f) 22·46 (g) 0·86 (h) 6·10
3. (a) 1·60 (b) 4·37 (c) 19·70 (d) 0·89
   (e) 3·61 (f) 2·92 (g) 1·85 (h) 0·94
   (i) 0·60 (j) 0·91 (k) 1·72 (l) 3·83
4. (a) 1700 (b) 22500 (c) 800 (d) 15300
   (e) 600 (f) 2200 (g) 3600 (h) 1000

page 31 Exercise 2

1. C 2. B 3. B 4. A 5. B 6. C 7. A
8. C 9. B 10. C 11. C 12. C 13. A 14. B
15. B 16. A 17. A 18. B 19. A 20. B

page 32 Exercise 3

1. £400 2. £700 3. £280 4. £5000 5. £250 6. $50 000
7. (a) 35·99 (b) 3·96 (c) 316·8 (d) 15·59 (e) 198 (f) 103·5
8. (a) 20·56 (b) 0·114 (c) 1·23 (d) 98·6 (e) 198·9 (f) 50·76
9. (a) 95·72 (b) 3·124 (c) 183·1 (d) 56·0 (e) 1·00 (f) 31·40
10. £2400
11. (a) (i) £22 (ii) £12 (b) (i) £21·06 (ii) £12·53
12. (a) 80 000 → 100 000 (b) 0·1 mm
13. (a) $4300 \times 1000 \div 1.5 \approx 3\,000\,000$ (b) $40\,000 \times 1000 \div 1.5 \approx 27\,000\,000$
14. (a) 120 (b) 30 (c) £500 (d) 800 (e) 400 m (f) 10

page 34 Exercise 4

1. (a) 1670 (b) 90·8 (c) 32·6 (d) 5·2915 (e) 44·7
2. (a) smaller (b) larger (c) smaller
3. (a) highly unlikely (b) OK (c) highly unlikely (d) highly unlikely (e) impossible
   (f) impossible

page 37 ***Exercise 1***

1. F **2.** T **3.** T **4.** F **5.** T **6.** F **7.** F **8.** F
9. T **10.** F **11.** T **12.** T **13.** F **14.** T **15.** T
16. (a) $n + n$, $3n - n$ (b) n^3 (c) $2 \div n$ (d) various answers
17. (a) $\times 4$, -3 (b) $\times 6$, $+3$, $\times 7$ (c) $\times 5$, -2, $\div 3$ (d) square, $+5$
(e) $+2$, square (f) square, $\times 3$, -2, $\div 5$
18. 1 **19.** 5 **20.** n **21.** n^2
22. $2a + b + c$ **23.** $4m - 3$ **24.** $2pq$ **25.** n^2
26. 3 **27.** $2x$ **28.** $\frac{1}{a}$ **29.** n
30. 1 **31.** n **32.** a^3

page 38 ***Exercise 2***

2.

8	9
9	10

3.

$x-1$	x
x	$x+1$

$x-2$	$x-1$
$x-1$	x

$x-1$	x
x	$x+1$

4.

x	$x+1$	$x+2$
$x+1$	$x+2$	$x+3$
$x+2$	$x+3$	$x+4$

$x-2$	$x-1$	x
$x-1$	x	$x+1$
x	$x+1$	$x+2$

(repeated)

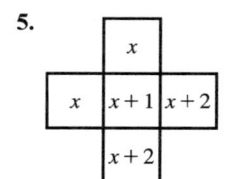

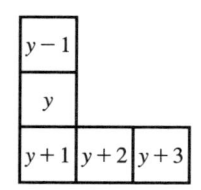

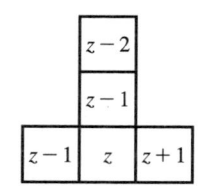

5.

	x	
x	$x+1$	$x+2$
	$x+2$	

$y-1$		
y		
$y+1$	$y+2$	$y+3$

	$z-2$	
	$z-1$	
$z-1$	z	$z+1$

$t-1$	t	$t+1$
t		$t+2$
$t+1$		

page 39 ***Exercise 3***

1. $5n + x$ **2.** $5(n + x)$ **3.** $6h - t$ **4.** $6(h - t)$ **5.** $5(b + x)$
6. $ba + x$ **7.** $3y^2$ **8.** $dn - 3$ **9.** $2a + A$ **10.** $5(h - H)$
11. $5(x - 8)$ **12.** $x^2 + 2$ **13.** $2y - 3$ **14.** $(a + 10)^2$
15. (a) $5(2n - 4)$ (b) $3(5n + 7)$ (c) $5(n + 2) - 3$
(d) $4\left(\frac{n}{2} + 6\right)$ (e) $8(n^2 + 7)$ (f) $6(n + 3)^2$
16. (a) $\times 2$, $+7$ (b) $\times 5$, -3, $\times 3$ (c) $\times 6$, $+1$, $\div 5$
(d) square, -3 (e) $+5$, square (f) square, -1, $\times 3$
17. square, $\times 3$, -1, $\div 5$, $+7$, $\times 2$, $+100$
18. $5x - 7$ **19.** $5y - 9$ **20.** £$7(d + 6)$ **21.** nt kg
22. (a) $(nm + yx + tz)$ kg (b) $(vx + 8z + pm)$ kg
23. $\frac{x}{t}$ metres, $\frac{nx}{t}$ metres **24.** $n(z + x)$

Book 8

page 40   Exercise 4

1. (a) $3n-4$ (b) $3(n-1)$ (c) $3n-4$ (d) $3n-9$
2. $b+5, 2a+1; 2d+8, 2c-2$
3. (a) $5^2 = 4^2 + 4 + 5$ (b) $n^2 = (n-1)^2 + (n-1) + n$
4. (a) $5^2 = 4 \times 6 + 1$ (b) $n^2 = (n-1)(n+1) + 1$
5. $k = 2n - 1$
6. $2[5(x+3) - 7] - 6 \equiv 10x + 10$

page 42   Exercise 1

1. $a = 64°$
2. $b = 95°$
3. $c = 50°$
4. $d = 85°, e = 95°$
5. $a = 82°, b = 100°$
6. $c = 66°$
7. $x = 80°$
8. $b = 28°$
9. $y = 68°$
10. $x = 91°$
11. $c = 30°$
12. $d = 135°$
13. $b = 120°$
14. $c = 40°$
15. $x = 105°, y = 80°$
16. $f = 40°$
17. $d = 20°$
18. $e = 48°$
19. $102°$
20. $114°$
21. $150°$

page 44   Exercise 2

1. $72°$
2. $53°$
3. $54°$
4. $26°$
5. $60°$
6. $20°$
7. $52.9°$
8. $63°$
9. $a = 10°, x = 35°$

page 46   Exercise 3

1. $\widehat{BAC} = \widehat{ACX}, a + b + c = 180°$
2. $180°, 180°, 360°$
3. $\widehat{ABC} = \widehat{BCD}, \widehat{BCE} = \widehat{CBA} + \widehat{BAC}$

page 47   Exercise 1

1. 7·5 cm
2. 7·0 cm
3. $33°$
4. $78\frac{1}{2}°$
5. $104\frac{1}{2}°$
6. 8·0 cm
7. $99°$
8. $81°$
9. 9·0 cm

page 48   Exercise 2

2. A circle
3. A line which bisects the right angle
4. A full circle
5. A half circle
6. (a) a square (b) equilateral triangle (c) regular hexagon

page 52   Exercise 1

1. 2, 4, 12, 12·57 cm
2. 5, 10, 30, 31·42 cm
3. 4·5, 9, 27, 28·27 m
4. 15, 30, 90, 94·25 mm
5. 8, 16, 48, 50·27 km
6. 10, 20, 60, 62·83 m
7. 12·5, 25, 75, 78·54 m
8. 23, 46, 138, 144·51 mm
9. 25, 50, 150, 157·08 cm
10. 37, 74, 222, 232·48 m
11. 34, 68, 204, 213·63 km
12. 10, 20, 60, 62·83 mm

page 53   Exercise 2

1. 50·3 cm
2. 2·51 m, 50·3 m
3. Tennis ball further by 86 cm
4. Circle by 1·42 cm
5. 24·6 cm
6. 6
7. 60
8. (a) 232 cm (b) 860
9. (a) 174 m (b) 308
10. 408 s
11. 31·8 cm
12. 372 cm
13. 253 km

page 55 **Exercise 3**

1. 28·3 cm
2. 38·6 cm
3. 21·9 cm
4. 24·0 cm
5. 28·1 cm
6. 19·4 cm
7. 34·7 cm
8. 36·6 cm
9. 25·0 cm
10. 25·7 cm
11. 18·8 cm
12. 15·7 cm

page 57 **Exercise 4**

1. 154 cm^2
2. 78·5 cm^2
3. 573 m^2
4. 30·2 m^2
5. 60·8 km^2
6. 0·503 km^2
7. 70·9 cm^2
8. 24·6 m^2
9. 38·5 km^2
10. 9
11. 25·1 cm^2
12. 109 cm^2
13. 19·6 cm^2
14. 73·5 cm^2
15. 13·7 cm^2
16. 25·9 cm^2
17. 42·9 cm^2
18. 42·1 cm^2
19. 28·3 cm^2
20. 0·858 cm^2
21. 35·3 cm^2
22. 17·4 m^2
23. 1829
24. 9·55 cm

page 59 **Exercise 1**

1. (a) 35, 70   (b) 30, 70, 80   (c) 12, 18, 30, 51
2. −13, −12, 6, 11, −4, −12
3. (a) $\frac{1}{2}$ hour   (b) 1 hour
4. (a) 70   (b) 200   (c) 97   (d) 17   (e) 2   (f) 3   (g) 100   (h) 500
5. (a) +3   (b) $-3 + (-6) = -9$ (c) $-5 - (-6) = 1$
6. (a) 36   (b) 18   (c) 18
7. 500
8. 2 m, 2 litres, 500 g
9. 7500, $9\frac{1}{2}$, $499\frac{1}{2}$
10. 1/1/3111

page 60 **Exercise 2**

1. (i) 39, 69, 396, 96, 6931   (ii) 9316
2. 56, 9, 4, 2·4, 42, 0·3
3. 0·8 g, 40
4. 250, 3200
5. ×, −
6. >, >, <, >, =, >
7. 7440 cm, 74·4 m
8. (a) £120   (b) £749   (c) 62·5%
9. (a) $1\frac{1}{2}$ h   (b) 150 km
10. 6

page 62 **Exercise 3**

1. (a) litre   (b) m   (c) tonne   (d) hectare
2. 25
3. 88 km
4. (a) $(2 \times 19) + 24$ (b) 5×24 (c) $(3 \times 24) + 19$
5. 100 cm^2
6. May 1st
7. £3·80
8. 200
9. $99\sqrt{9}$
10. F, T, T, T, T, T

page 63 **Exercise 4**

1. (a) $59\frac{1}{4}$ (b) $56\frac{1}{2}$ (c) $3\frac{1}{5}$ (d) $1\frac{19}{100}$ (e) $23\frac{9}{10}$ (f) $4\frac{3}{4}$
   (g) $5\frac{1}{10}$ (h) $50\frac{2}{5}$
2. (a) 0·25   (b) 1·06   (c) 17·5   (d) 1·26   (e) 2·635   (f) 0·03
3. 11
4. 9
5. Note. (a) (iii) should read $350 \div 9999$ (b) 0·003500035   (c) 0·00035000035
6. 69p cheaper
7. 7
8. 67p
9. 3·142857, 3·141414
10. 2·5

Book 8

page 64 Exercise 5

1. 475
2. £1·52
3. 17%
4. 2508
5. (a) 228 cm² (b) 877
6. (a) 5, 37, 323 (b) 529 (c) 8 (d) 296
7. (a) £301·76 (b) £312·06
8. 240
9. (a)

185	267	452
195	174	369
380	441	821

(b) 40·9%
10. 70

page 65 Exercise 6

1. (a) 4900 mm (b) 1·36 mm/s (c) 0·0227 mm/s
2. 11·3 m
3. 1500 g bag is better value
4. one
5. £2970
6. 22·8p
7. About 510 g (actual mass ≈ 540 g)

Part 3

page 67 Exercise 1

1. 1172
2. 7536
3. 137
4. 4559
5. 140
6. 438
7. 1712
8. 2205
9. 2300
10. 3150
11. 17 000
12. 56·2
13. 5·9
14. 6·47
15. 0·83
16. 0·219
17. 860
18. 7800
19. 24 800
20. 7971
21. 1699
22. 867
23. 1580
24. 2800
25. 13·4
26. 16·2
27. 1384
28. 124
29. 14·1
30. 0·128
31. 0·732
32. 510
33. 48·02
34. 1·37
35. 1327
36. 8·55
37. 2415
38. 3736
39. 2·62
40. 2·13
41. 20 800
42. 257·4
43. 0·102
44. 10 400
45. 0·0231
46. 0·655
47. 2190
48. 0·057

page 68 Exercise 2

1. (a) 0·7, 0·718, 0·73 (b) 0·405, 0·41, 0·5 (c) 0·029, 0·035, 0·3 (d) 0·0511, 0·058, 0·06
2. (a) 0·5 (b) 0·45 (c) 0·05 (d) 0·15 (e) 0·065
3. (a) > (b) < (c) = (d) > (e) > (f) <
4. (a) 3·3 (b) 0·629 (c) 6·39 (d) 0·425
5. (a) 2·7, 2·71 (b) 1·49, 1·48 (c) 4·2 (d) 4·99, ..., 5·03
6. (a) +0·02 (b) −0·002 (c) +0·01 (d) +0·001
7. The author's boots have a capacity of 6 litres. One tin of beans has a capacity of about 380 ml. About 15 tins are required.

page 69 Exercise 3

1. 0·8
2. 0·3
3. 1·2
4. 2·6
5. 0·04
6. 0·07
7. 0·09
8. 0·024
9. 0·08
10. 0·06
11. 0·15
12. 0·07
13. 0·52
14. 0·63
15. 0·006
16. 0·052
17. 1·1
18. 0·9
19. 0·23
20. 0·05

page 70 **Exercise 4**

1. 1·4	**2.** 2·4	**3.** 2·4	**4.** 0·15	**5.** 2·1
6. 0·46	**7.** 0·45	**8.** 0·36	**9.** 0·6	**10.** 0·49
11. 0·8	**12.** 4·2	**13.** 0·45	**14.** 0·016	**15.** 0·0006
16. 0·66	**17.** 0·36	**18.** 0·64	**19.** 0·56	**20.** 1·05
21. 1·083	**22.** 1·26	**23.** 0·217	**24.** 0·0084	**25.** 0·0066
26. 0·324	**27.** 0·5677	**28.** 12·96	**29.** 0·253	**30.** 9·27
31. 0·04	**32.** 0·16			

page 70 **Exercise 5**

1. 130·2	**2.** 169·6	**3.** 70·5	**4.** 64·6	**5.** 171
6. 449·4	**7.** 197·6	**8.** 590	**9.** 2·76	**10.** 5·25
11. 9·89	**12.** 4·32	**13.** 20·8	**14.** 34·44	**15.** 0·308
16. 0·561	**17.** 18·48	**18.** 47·85	**19.** 50·88	**20.** 47·25
21. 67·64	**22.** 114·21	**23.** 40·608	**24.** 13·944	**25.** 1·792
26. 2·584	**27.** 0·0455	**28.** 0·1224		

page 71 **Exercise 6**

1. 50	**2.** 90	**3.** 110	**4.** 60	**5.** 320	**6.** 7
7. 9	**8.** 13	**9.** 300	**10.** 1100	**11.** 400	**12.** 30
13. 80	**14.** 5700	**15.** 190	**16.** 42		
17. (a) 120	(b) 0·1	(c) 0·01	(d) 2	(e) 120	(f) 0·1

page 72 **Exercise 7**

1. 7·3	**2.** 6·3	**3.** 3·14	**4.** 3·56	**5.** 0·75
6. 0·87	**7.** 32·7	**8.** 3·24	**9.** 3·42	**10.** 5·7
11. 8·3	**12.** 7·2	**13.** 41·6	**14.** 33·7	**15.** 1·423
16. 0·65	**17.** 5·14	**18.** 23·4	**19.** 0·67	**20.** 65
21. 14	**22.** 704·1	**23.** 163·8	**24.** 219	**25.** 3·31
26. 1·75	**27.** 420	**28.** 18·8	**29.** 2003	**30.** 87
31. 180	**32.** 80	**33.** IT IS LONELY ON THE MOON		

page 73 **Exercise 1**

1. (a) 7 (b) 6 (c) 10 **2.** 55p **3.** (a) 1·50 m (b) 1·482 m
4. −2° **5.** 6 **6.** (a) 27 (b) 91 (c) 12
7. 1 or 70 **8.** 5 and 9
9. mean = 17, median = 3. The median is more representative. **10.** the median
11. many answers (e.g. 4, 4, 6, 10, 11) **12.** 13
13. Tom: 50, 60, 70 **14.** 15, 20, 31
15. (a) (i) $4x + 2$ (ii) $x + 6$ (iii) $2x + 3$ (b) 5 **16.** $\dfrac{nh - x + y}{n}$

page 76 **Exercise 2**

1. 51·9 g **2.** 96·25 g **3.** 51·9p **4.** (a) 6·52 (b) 6 (c) 5
5. (a) mean = 5·3, median = 5, mode 4 (b) For discussion (any reasoned argument is acceptable)
6. 6·7 g **7.** (a) 38 (b) 16 (c) 11 **8.** 6 × 6 g, 7 × 7 g

Book 8

page 78 **Exercise 3**

3. (a) 49 kg   (b) 17   (c) 51 kg   **4.** (a) 4·6   (b) 5·3

page 79 **Practice questions**

A	**1.** 69	**2.** 87	**3.** 87	**4.** 115	**5.** 97	**6.** 179
	7. 98	**8.** 107	**9.** 106	**10.** 65	**11.** 69	**12.** 154
B	**1.** 58	**2.** 88	**3.** 81	**4.** 101	**5.** 116	**6.** 94
	7. 166	**8.** 157	**9.** 137	**10.** 187	**11.** 113	**12.** 137
C	**1.** 74	**2.** 103	**3.** 96	**4.** 86	**5.** 68	**6.** 103
	7. 86	**8.** 65	**9.** 15	**10.** 32	**11.** 58	**12.** 32
D	**1.** 108	**2.** 76	**3.** 134	**4.** 146	**5.** 56	**6.** 158
	7. 230	**8.** 252	**9.** 174	**10.** 132	**11.** 474	**12.** 684
E	**1.** 1100	**2.** 1600	**3.** 600	**4.** 400	**5.** 280	**6.** 120
	7. 315	**8.** 315	**9.** 700	**10.** 260	**11.** 900	**12.** 300
F	**1.** 147	**2.** 459	**3.** 451	**4.** 713	**5.** 171	**6.** 174
	7. 693	**8.** 1485	**9.** 1212	**10.** 5555	**11.** 23 023	**12.** 14 985

page 81 **Test 1**

1. 110   **2.** 1 000 000   **3.** 120 cm   **4.** £8·50   **5.** 20   **6.** £5
7. 15 miles   **8.** $11\frac{1}{2}$
9. 32   **10.** 60°   **11.** 300 cm^2 **12.** ____   **13.** $\frac{2}{5}$ **14.** 8   **15.** 1, 2, 2, 20, 50
16. 380 m   **17.** 30   **18.** £707   **19.** False   **20.** 2   **21.** £1·34   **22.** 12   **23.** £200
24. 144   **25.** True   **26.** £1·88   **17.** 100°   **28.** 12   **29.** 90°   **30.** 37

page 81 **Test 2**

1. $\frac{3}{4}$ **2.** True   **3.** 45p   **4.** 1 million   **5.** 26   **6.** 45 miles
7. £50   **8.** $\frac{3}{10}$ **9.** 1900 ml   **10.** 3 h 45   **11.** 20   **12.** £7
13. 1p, 2p, 50p   **14.** 1800   **15.** £4·34   **16.** NE   **17.** 7·50   **18.** 95·1
19. 1st Oct.   **20.** 23   **21.** 90%   **22.** 40%   **23.** 63 kg   **24.** 6 cm^2
25. 165   **26.** 1·7   **27.** 17 mm   **28.** 7 cm   **29.** £80   **30.** True

page 82 **Test 3**

1. £9·65   **2.** 23 min   **3.** 4 cm   **4.** $12\frac{1}{2}$ **5.** 61   **6.** 13·5 cm
7. True   **8.** 18·30   **9.** 10   **10.** 1 m^2 **11.** $\frac{1}{9}$ **12.** 14p
13. 21   **14.** 10 km   **15.** 16   **16.** 13   **17.** £2   **18.** 100°
19. ∼150   **20.** 35   **21.** £15   **22.** 19 July   **23.** $\frac{1}{50}$ **24.** $\frac{3}{8}$
25. £9   **26.** 10   **27.** £2·75   **28.** 12   **29.** 3600   **30.** 120 m.p.h.

page 83 **Test 4**

1. 40   **2.** 0·15   **3.** 16   **4.** True   **5.** 0·22   **6.** 36°
7. 27 cm^2 **8.** £16·60   **9.** Jan   **10.** £50   **11.** 0·24 m^2 **12.** 8 inches
13. 3 h 45 min   **14.** square   **15.** $\frac{2}{5}$ **16.** £5   **17.** 12   **18.** 198
19. 2 h   **20.** 2700   **21.** 120°   **22.** £8   **23.** £16   **24.** 4
25. 2   **26.** 0·75   **27.** 10 000   **28.** 48 cm^2 **29.** 75%   **30.** £330

page 84 KS3 Tests

Test 1
1. 20
2. 14 cm
3. 7
4. 4
5. $\frac{2}{3}$
6. 0·8
7. 30
8. 7·40
9. 60
10. $\frac{3}{5}$
11. 13
12. 80
13. 5
14. 2 500 000
15. 66
16. 45°
17. £8–£9
18. 9
19. 455
20. $3(n+6)$
21. £30
22. 50 000
23. 17, 18
24. 130
25. £5·50
26. 400
27. 6
28. 3
29. 144
30. 4800

Test 2
1. 1600
2. 5200
3. 20
4. a^3
5. 10
6. 50 000
7. 10
8. 1·71 m
9. 55
10. 50°
11. 35
12. 28 cm^2
13. 32
14. 20
15. 60%
16. 100
17. various
18. 9
19. 6020
20. 4
21. £8·97
22. 0·18
23. 250
24. 128 cm
25. 5, 6
26. 304
27. 800 m
28. −6
29. triangle
30. 11·05

page 88 Exercise 1
1. 4·18
2. 14·66
3. 0·12
4. 1·55
5. 7·44
6. 29·21
7. 0·37
8. 3·19
9. 13·18
10. 1·20
11. 11·81
12. 1·32
13. 7·73
14. 10·57
15. 8·35
16. 6·74
17. 16·88
18. 10·16
19. 9·84
20. 4·87
21. 8·4
22. 12·31
23. 7·32
24. 2·16
25. 0·63
26. 12·17
27. 110
28. 10·21
29. 2·53
30. 2·91

page 89 Exercise 2
1. 3·36
2. 13·13
3. 4·99
4. 10·39
5. 0·92
6. 2·96
7. 1·99
8. 2·04
9. 0·90
10. 9·93
11. 6·87
12. 20·94
13. 3·89
14. 7·05
15. 11·95
16. 7·12
17. 3·69
18. 1·31
19. 5·73
20. 2·77
21. 23·41
22. 16·89
23. 1·61
24. 0·13
25. 7·08
26. 0·80
27. 14·08
28. 1·23
29. 9·10
30. 2·04

page 90 Exercise 3
1. $\frac{11}{12}$
2. $1\frac{1}{6}$
3. $1\frac{2}{9}$
4. $\frac{23}{30}$
5. $\frac{1}{10}$
6. $\frac{13}{16}$
7. $\frac{3}{14}$
8. $\frac{19}{30}$
9. $\frac{19}{20}$
10. $\frac{1}{6}$
11. $\frac{2}{9}$
12. $\frac{3}{44}$
13. $2\frac{11}{12}$
14. $2\frac{1}{6}$
15. $5\frac{1}{8}$
16. $3\frac{11}{12}$
17. $4\frac{4}{5}$
18. 6
19. $8\frac{3}{4}$
20. 4

21. (a) $3\frac{9}{20}$ (b) $1\frac{1}{6}$ (c) $\frac{11}{12}$ (d) $1\frac{5}{28}$ (e) $1\frac{1}{3}$ (f) $\frac{5}{14}$

22.

+	$\frac{1}{8}$	$\frac{3}{5}$	$\frac{1}{3}$	$1\frac{3}{4}$
$\frac{1}{2}$	$\frac{5}{8}$	$1\frac{1}{10}$	$\frac{5}{6}$	$2\frac{1}{4}$
$\frac{1}{4}$	$\frac{3}{8}$	$\frac{17}{20}$	$\frac{7}{12}$	2
$2\frac{1}{2}$	$2\frac{5}{8}$	$3\frac{1}{10}$	$2\frac{5}{6}$	$4\frac{1}{4}$
$\frac{2}{5}$	$\frac{21}{40}$	1	$\frac{11}{15}$	$2\frac{3}{20}$

×	$\frac{1}{2}$	$\frac{2}{3}$	$\frac{5}{8}$	$2\frac{1}{5}$
$\frac{4}{5}$	$\frac{2}{5}$	$\frac{8}{15}$	$\frac{1}{2}$	$1\frac{19}{25}$
$\frac{1}{3}$	$\frac{1}{6}$	$\frac{2}{9}$	$\frac{5}{24}$	$2\frac{8}{15}$
$\frac{1}{4}$	$\frac{1}{8}$	$\frac{1}{6}$	$\frac{5}{32}$	$2\frac{9}{20}$
$1\frac{1}{2}$	$\frac{3}{4}$	1	$\frac{15}{16}$	$3\frac{7}{10}$

Book 8

page 91 *Exercise 4*

1. −21	**2.** 10	**3.** −2	**4.** −40	**5.** 4	**6.** −4
7. 20	**8.** −19	**9.** −5	**10.** 21	**11.** −5	**12.** −31
13. 8·5	**14.** −3·4	**15.** 15	**16.** 1·2	**17.** 32	**18.** −68
19. 6	**20.** −2	**21.** −2	**22.** −9·7	**23.** −1·4	**24.** 8·3
25. 2·8	**26.** 4·3	**27.** −1·8	**28.** 15·7	**29.** 8·3	**30.** −34·4
31. −14·6	**32.** −25·4	**33.** 4·3	**34.** −4·3	**35.** −5·7	**36.** 10·2

page 92 *Exercise 5*

1. 23·8	**2.** 12·2	**3.** 24·6	**4.** 123	**5.** 44·7	**6.** 14·8	**7.** £15·95	**8.** £13·30
9. £72·08	**10.** £35·80	**11.** 50·7	**12.** 19·4	**13.** 398	**14.** 11·9	**15.** 323	**16.** 27·3
17. 18·7	**18.** 12·6	**19.** 46·2	**20.** 1·15	**21.** 0·996	**22.** 4·38	**23.** 9·95	**24.** 2·27
25. 1·24	**26.** 99·1	**27.** 0·970	**28.** 0·546	**29.** 1·63	**30.** 29·7	**31.** 37·7	**32.** 18·8
33. 171	**34.** 165						

page 98 *Exercise 2*

5. (e) (−2, 4), (−6, 4), (−4, 6), (−3, 6)   **6.** (e) (1, 4), (−1, 3), (2, 3), (2, 4)
7. (a) $y = -1$ (b) $x = 3$ (c) $y = x$ (d) $y = 0$ (e) $y = -x$ **8.** (e) $y = -x$
9. (e) $y = -\frac{1}{2}$
10. (a) FRANCE (France) (b) NELSON (Nelson) (c) NEWTON (Newton)   **11.** AMBULANCE
12. The three images of P should lie on a straight line.
13. (a) (i) (9, 6) (ii) (99, 6) (iii) (1, −2) (iv) (1, 394) (v) (6, 1) (vi) (−6, −1)
(b) (i) (207, 63) (ii) (−207, −63) (c) $(a, -b)$ (d) $(-a, b)$
14. $y = 2, y = 2\frac{1}{2}, x + y = 5, y = x$

page 102 *Exercise 1*

1. 14	**2.** 21	**3.** 6	**4.** 0	**5.** 55	**6.** 32	**7.** 11
8. 6	**9.** 83	**10.** 3	**11.** 3	**12.** 12	**13.** 12	**14.** 0

page 103 *Exercise 2*

1. (a) 720° (b) 18 000°   **2.** (a) 6 (b) 46 (c) 26   **3.** (a) 106 (b) 300 (c) 101
4. (a) 55 (c) 4950   **5.** (a) 49 (b) 9 (c) 27   **6.** (a) 23 (b) 5 (c) 17
7. (b) 220   **8.** (a) 600 (b) 300   **9.** (a) 2 (b) 15 (c) 21 (d) 9
10. (a) 13 (b) 125 (c) −1   **11.** 52   **12.** $A = \dfrac{b \times h}{2}$
13. $d = n - 3$
14. (a)

Black squares, b	1	2	3	4
White squares, w	8	10	12	14

(b) 46 white squares   (c) $w = 2b + 6$

page 106 *Exercise 3*

1. 9	**2.** 5	**3.** 13	**4.** 15	**5.** 15	**6.** 3
7. 6	**8.** 19	**9.** 22	**10.** 6		

11. (a) 8 (b) 18 (c) 27   **12.** (a) 8 (b) 4·5 (c) 1·5   **13.** (a) 2 (b) 6 (c) $4\frac{1}{2}$
14. (a) 3 (b) −6 (c) −3 (d) −10 (e) 8 (f) 4

page 106 **Exercise 4**

1. 0	**2.** 8	**3.** 6	**4** 1	**5.** 2	**6.** −3
7. 8	**8.** 16	**9.** 4	**10.** 0	**11.** 24	**12.** 13
13. 3	**14.** −1	**15.** 17	**16.** −9	**17.** 30	**18.** 10
19. 3	**20.** −3	**21.** 45	**22.** 23	**23.** 41	**24.** 9
25. 4	**26.** 8	**27.** 21	**28.** −12	**29.** 14	**30.** 27
31. −7	**32.** 8	**33.** 9	**34.** 25		

page 108 **Review exercise 1**

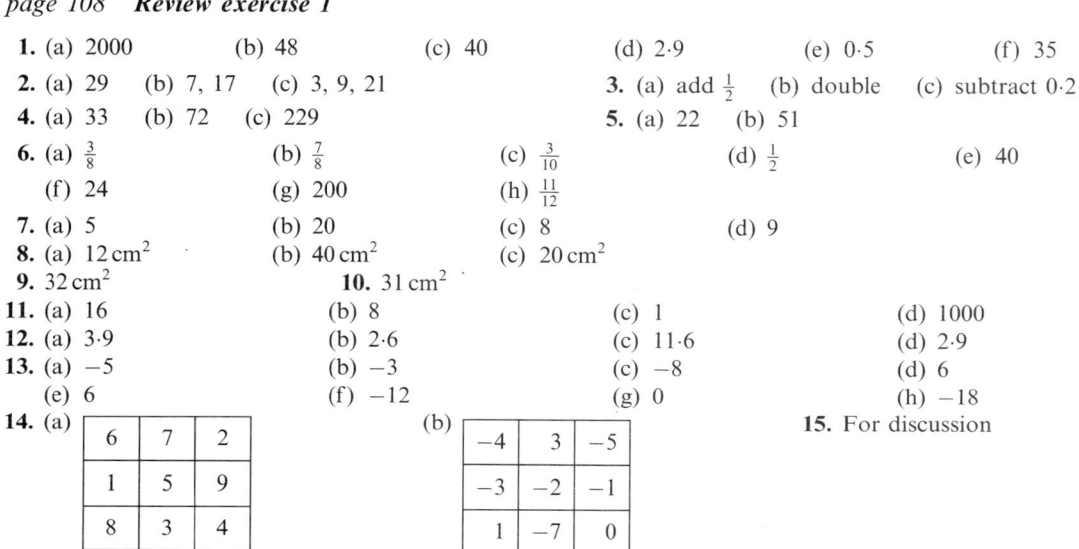

1. (a) 2000 (b) 48 (c) 40 (d) 2·9 (e) 0·5 (f) 35
2. (a) 29 (b) 7, 17 (c) 3, 9, 21   **3.** (a) add $\frac{1}{2}$ (b) double (c) subtract 0·2
4. (a) 33 (b) 72 (c) 229   **5.** (a) 22 (b) 51
6. (a) $\frac{3}{8}$ (b) $\frac{7}{8}$ (c) $\frac{3}{10}$ (d) $\frac{1}{2}$ (e) 40
    (f) 24 (g) 200 (h) $\frac{11}{12}$
7. (a) 5 (b) 20 (c) 8 (d) 9
8. (a) 12 cm^2 (b) 40 cm^2 (c) 20 cm^2
9. 32 cm^2 **10.** 31 cm^2
11. (a) 16 (b) 8 (c) 1 (d) 1000
12. (a) 3·9 (b) 2·6 (c) 11·6 (d) 2·9
13. (a) −5 (b) −3 (c) −8 (d) 6
    (e) 6 (f) −12 (g) 0 (h) −18
14. (a)

6	7	2
1	5	9
8	3	4

(b)

−4	3	−5
−3	−2	−1
1	−7	0

15. For discussion

page 110 **Review exercise 2**

1. £5000   **2.** (a) 19·9 (b) 0·97 (c) 48·0 (d) 99·8 (e) 0·11 (f) 211·2
3. (a) F (b) T (c) T (d) T (e) T (f) T
4. (a) 40 pence (b) $100 - 10n$ pence
5. (a) $6^2 = 5^2 + 2 \times 5 + 1$ (b) $n^2 = (n-1)^2 + 2(n-1) + 1$
6. (a) 92° (b) $b = 84°, c = 96°$ (c) $d = 69°$
7. 117   **8.** 13·7 cm^2
9. (a) 75·4 cm^2 (b) 70·7 cm^2 **11.** 50
12. (a) 5 m (b) 6 kg (c) 10 miles
13. £3680   **14.** 5·38   **15.** (a) 6 (b) $\frac{1}{3}$ **16.** $\frac{1}{6}$
17. 100 000 000   **18.** 211

page 112 **Review Exercise 3**

1. (a) 65p, £0·8, £1·25 (b) 3·45 (c) (i) true (ii) false
2. (a) 0·7 (b) 0·16 (c) 12 (d) 60 (e) 400 (f) 12
3. (a) 11·56 (b) 4·5 (c) 0·84 (d) 1·6 (e) 21·6 (f) 5·627
4. (a) 53 (b) 45   **5.** 15·2 kg   **6.** 3·6
8. (a) 76 (b) 39 (c) 88 (d) 134 (e) 1200 (f) 550
    (g) 272 (h) 103

Book 8   15

9. $x = 3$ 10. (a) 22   (b) 41   (c) 25   (d) 32   (e) 11   (f) 16
11. (a) 13·3   (b) 3·3   (c) $3\frac{9}{10}$ (d) 7·2   (e) 1·5   (f) 3
12. 54   13. (a) 8   (b) 12   (c) 9   (d) 3   (e) 15   (f) 12
14. (a) 6   (b) −6   (c) 0   (d) 4   (e) −12   (f) 0
15. 1   16. 141   17. 1122
18. Rotation 90° anticlockwise, centre at the point of intersection of line 1 and line 2.
19. (e) (i) Rotation 90° clockwise, centre (0, 0)   (ii) Rotation 180°, centre (0, 3)

page 114   **Review exercise 4**

1. C	2. D	3. B	4. A	5. A	6. A
7. A	8. B	9. C	10. D	11. B	12. C
13. A	14. A	15. C	16. C	17. B	18. A
19. B	20. A	21. D	22. C	23. A	24. C

page 116   **Exercise 1**

9. (f) 90° clockwise, centre (6, 4)   10. (f) 90° clockwise, centre (−3, 5)

page 118   **Exercise 2**

5. (a) (2, 0)   (b) (0, 0)   (c) (0, −1)   (d) (−3, 3)
6.

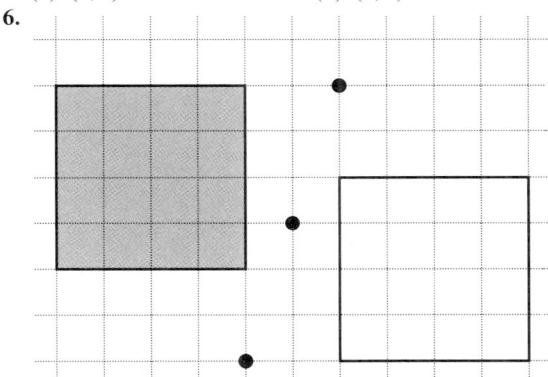

7. (a) Reflection in $y = x$ (b) Rotation 180°, centre (0, −2)   (c) Reflection in $y = -2$
   (d) Rotation 90° anticlockwise, centre $(-4\frac{1}{2}, 4\frac{1}{2})$
8. (a) Reflection in $y = x$
   (b) Rotation 180°, centre (5, 0)
   (c) Rotation 90° clockwise, centre (−2, 2)
   (d) Rotation 180°, centre $(\frac{1}{2}, 1\frac{1}{2})$ (e) Reflection in $y = -3\frac{1}{2}$

page 120   **Exercise 3**

1. (c) rotation 180° about 0   2. (c) rotation 180° about (0, 0)
3. (d) 5 units right, 2 units up
4. (a) rotation 90° clockwise, centre (3, 1)   (b) reflection in $y = 3\frac{1}{2}$
   (c) rotation 90° anticlockwise, centre (3, 6)   (d) various [could be (a) then (b)]
5. (a) rotation 90° anticlockwise, centre (0, 0)   (b) reflection in $y = 0$
   (c) reflection in $y = x$ (d) translation, 9 units right
   (e), (f) various answers

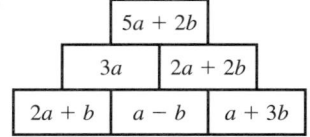

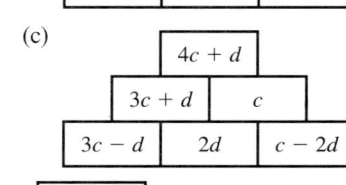

6. (b) mirror lines are always 6 units apart (c) yes
7. various ways, for example: translation 2 units right, then reflection in $y = 0$ or translation 2 units right, 4 units up and then reflection in $y = 2$
8. (a) $(-2, 4)$ (b) $(-1, 1)$ (c) $(1, 1)$ (d) $(-3, -3)$
9. (a) $(1, 3)$ (b) $(-8, 4)$ (c) $(3, 1)$
10. (a) (i) rotation 90° clockwise, centre $(-1, 5)$ (ii) rotation 90° clockwise, centre $(-3, 2)$
11. (c) (i) rotation 90° clockwise, centre $(1, 1)$ (ii) rotation 90° clockwise, centre $(3, 3)$
    (iii) reflection in $y = x - 3$

page 123 Exercise 1

1. (a) 13·30 (b) 15·15, 15·30 (c) 14·45 (d) 60 km/h, 40 km/h, 80 km/h
2. (a) (i) 15 km/ℓ (ii) 14·5 km/ℓ (iii) 5 km/ℓ (b) (i) 160 km/h (ii) 130 km/h (iii) 153 km/h approx.
   (c) about 55 km/h (d) 160 km
3. A → Z, B → Y, C → X
4. (a) no (b) 50 g (c) some crisps are bigger than others
7. C, B, D, A
8. D, C, B, A

page 127 Exercise 1

1. $3x + 12$ 2. $5x + 15$ 3. $4x - 8$ 4. $6x - 12$ 5. $4x + 2$
6. $6x + 9$ 7. $12x + 4$ 8. $12x + 15$ 9. $18 - 9x$ 10. $8x - 10$
11. $21x - 7$ 12. $20x + 50$ 13. $15x - 25$ 14. $6 - 4x$ 15. $3x + 3y$
16. $5x + 11$ 17. $5x + 14$ 18. $6x + 12$ 19. $8x + 11$ 20. $20x + 22$
21. $14x + 25$ 22. $8x - 1$ 23. $18x + 9$ 24. $14x + 3$ 25. $7x + 6$
26. $8x + 14$ 27. $20x + 15$ 28. $10x - 7$ 29. $14x + 5$ 30. $12x + 9$
31. $9x + 6$ 32. $27x + 1$ 33. $16x + 3$ 34. $19x + 12$ 35. $2x - 8$
36. $10n + 25$ 37. (a) $5x + 15$ (b) $2x + 16$

page 128 Exercise 2

1. $4n + 4$ 2. $2n + 10$ 3. $5a + 2$ 4. $5a + 23$ 5. $4m + 7$ 6. $5m + 8$
7. $13a + 8b$ 8. $7a + b$ 9. $6a + 6b$ 10. $3a + 14b$ 11. $2a + b$ 12. $5a + 5b$
13. $2a^2$ 14. n^2 15. $3m^3$ 16. $2a^2 + 2a$ 17. $2n^2 + 6n$ 18. $a^2 - a$
19. n^3 20. n^4 21. n^2

22. (a) top: $2b + c + d$; bottom: $b + c$, $b + d$
    (b) top: $3m + 3n$; middle: $2m$, $m + 3n$; bottom: $m - n$, $m + n$, $2n$
    (c) top: $4a$; middle: $2a + b$, $2a - b$; bottom: $a + 2b$, $a - b$, a

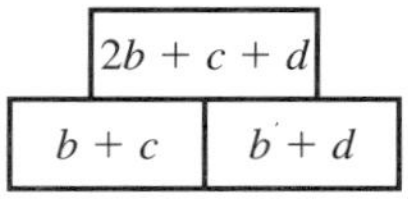

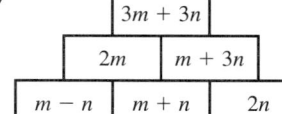

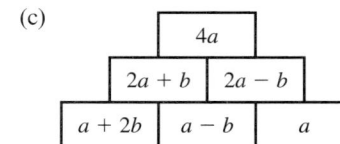

23. (a) top: $5a + 2b$; middle: $3a$, $2a + 2b$; bottom: $2a + b$, $a - b$, $a + 3b$
    (b) top: $2a + 4b$; middle: $a + 4b$, a; bottom: $a + 3b$, b, $a - b$ 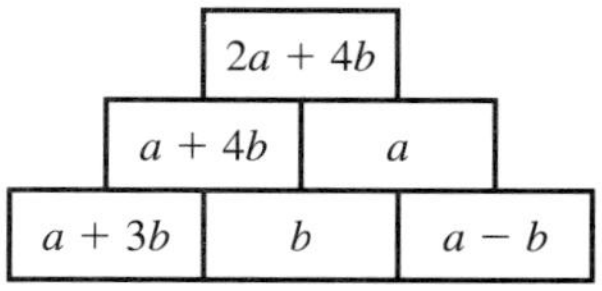
    (c) top: $4c + d$; middle: $3c + d$, c; bottom: $3c - d$, $2d$, $c - 2d$
    (d) top: $10a + 2b$; row: $5a + b$, $5a + b$; row: $2a + b$, $3a$, $2a + b$; bottom: a, $a + b$, $2a - b$, $2b$
    (e) top: $14a + 10b$; row: $9a + 4b$, $5a + 6b$; row: $5a + b$, $4a + 3b$, $a + 3b$; bottom: $2a - b$, $3a + 2b$, $a + b$, $2b$

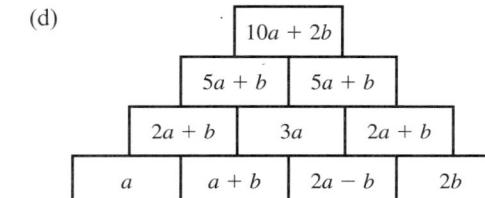

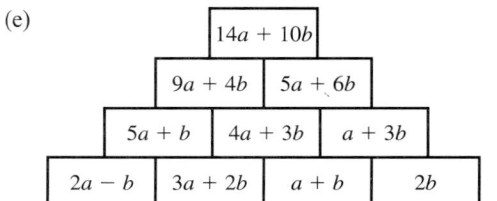

Book 8 17

page 129 **Exercise 3**

1. 4	**2.** 12	**3.** 14	**4.** 30	**5.** 94	**6.** 20
7. 9	**8.** 59	**9.** 3	**10.** 0	**11.** 22	**12.** 9
13. 6	**14.** 30	**15.** 8	**16.** 4	**17.** 3	**18.** $\frac{1}{2}$
19. 3	**20.** 4	**21.** 3	**22.** 5	**23.** 11	**24.** 6
25. 2	**26.** 5	**27.** 3	**28.** $\frac{1}{6}$	**29.** 11	**30.** 5
31. 6	**32.** 2	**33.** 0	**34.** 5	**35.** 4	**36.** 21

page 130 **Exercise 4**

1. 4	**2.** 3	**3.** 3	**4.** 6
5. 1	**6.** 4	**7.** 0	**8.** 2
9. 1	**10.** $\frac{1}{2}$	**11.** $\frac{1}{4}$	**12.** $\frac{1}{6}$
13. 3	**14.** 7	**15.** 2	**16.** $\frac{1}{6}$
17. 2	**18.** 6	**19.** 3	**20.** 0
21. 4	**22.** 1	**23.** 7	**24.** $1\frac{1}{2}$

page 131 **Exercise 5**

1. 8	**2.** 2·2	**3.** $\frac{3}{5}$	**4.** 75
5. $6\frac{1}{2}$	**6.** $2\frac{1}{3}$	**7.** $14\frac{1}{2}$	**8.** 67
9. 10	**10.** $\frac{1}{3}$	**11.** 7	**12.** $\frac{1}{2}$
13. 3			

page 132 **Exercise 6**

1. 5	**2.** 2	**3.** 1	**4.** 10
5. 5	**6.** 6	**7.** 4	**8.** 3
9. 2	**10.** 7	**11.** 2	**12.** 7
13. 4	**14.** 3	**15.** 3	**16.** $\frac{1}{2}$
17. 11	**18.** 6	**19.** 8	**20.** 1
21. 4	**22.** 2	**23.** 3	**24.** 6
25. 15	**26.** 8	**27.** -1	**28.** 27
29. 1	**30.** 0		

page 132 **Exercise 7**

1. 1	**2.** 2	**3.** 2	**4.** 3	**5.** 1	**6.** 4	**7.** 2	**8.** -1
9. -3	**10.** -4	**11.** 5	**12.** 9	**13.** $\frac{3}{7}$	**14.** $\frac{7}{11}$	**15.** $4\frac{4}{5}$	**16.** $3\frac{7}{8}$
17. -3	**18.** 6						

page 133 **Exercise 7**

1. 5 cm	**2.** 4 cm	**3.** 5 cm	**4.** (a) 40° (b) 30°
5. 4	**6.** 5	**7.** $7\frac{1}{2}$ kg	**8.** 2
9. $2\frac{1}{2}$	**10.** $2\frac{1}{2}$	**11.** (c) 8	**12.** (a) 11 (b) 9 (c) 19
13. 11 km	**14.** 23, 24, 25, 26	**15.** 51, 53, 55, 57	**16.** 3
17. (a) 3 (b) $2\frac{4}{7}$	**18.** 44	**19.** 10, 12, 14	

page 135 **Exercise 8**

1. (a)

21	5	26
9		
30		

(b)

7	23	30
4		
11		

(c)

9	15	24
19		
28		

2.

5	12	17
24		
29		

3.

5	3	8
12		
17		

4.

13	9	22
5		
18		

5.

17	15	32
28		
45		

6.

−1	5	4
16		
15		

7.

5	7	12
23		
28		

8.

7	9	16
11		
18		

9.

3	16	19
8		
11		

10.

5	4	9
1		3
6	6	12

11.

11	17	28
18		6
29	5	34

12.

11	8	19
6		2
17	4	21

page 137 **Exercise 1**

2. (a) 3   (b) 12   (c) 7   (d) '…… of drinks sold *decreases*.'
3. (a) 7   (b) 6   (c) no

Book 8

page 139 **Exercise 2**

2. (a) strong positive correlation (b) no correlation (c) weak negative correlation
3. (a) no correlation (b) strong positive correlation (c) no correlation
   (d) strong negative correlation
4. (b) About 20   5. About 88 g   6. For discussion
7. no correlation

page 142 **Exercise 3**

1. (a) 40%, 10%, 70% (b) older people prefer cruise holiday to skiing   2. Yes
3. (a) About £360 (b) Mr Brown: about £200; Mrs Evans: about £300
4. Angles: 45°, 45°, 54°, 36°, 36°, 144°   5. (a) 72° (b) 126°
6. (a) 20% (b) $x = 126°$, $y = 79°$

page 146 **Exercise 1**

1. 0·4   2. 0·25   3. 0·375   4. 0·2   5. 0·9
6. 0·75   7. 0·6   8. 0·5   9. 0·3   10. 0·875
11. 1·4   12. 4·75   13. 3·5   14. 1·875 15. 5·01
16. 0·85, $\frac{7}{8}$, $\frac{9}{10}$ 17. $\frac{31}{50}$, 0·645, $\frac{13}{20}$ 18. 0·715, $\frac{29}{40}$, $\frac{3}{4}$ 19. 0·18, $\frac{3}{16}$, $\frac{1}{5}$
20. (a) $\frac{1}{2}$ (b) $\frac{3}{4}$ (c) $\frac{1}{8}$

page 147 **Exercise 2**

1. $0·\dot{6}$ 2. $0·\dot{2}$ 3. $0·\dot{7}$ 4. $0·\dot{1}\dot{6}$ 5. $0·\dot{2}8571\dot{4}$
6. $0·\dot{4}2857\dot{1}$ 7. $0·8\dot{3}$ 8. $0·\dot{8}5714\dot{2}$ 9. $0·\dot{1}\dot{8}$ 10. $0·\dot{4}\dot{5}$

page 147 **Exercise 3**

1. $\frac{2}{5}$ 2. $\frac{7}{10}$ 3. $\frac{3}{100}$ 4. $\frac{1}{20}$ 5. $\frac{7}{1000}$
6. $\frac{3}{500}$ 7. $\frac{2}{25}$ 8. $\frac{3}{25}$ 9. $\frac{19}{50}$ 10. $\frac{3}{200}$
11. $\frac{1}{4}$ 12. $\frac{9}{20}$ 13. $\frac{37}{100}$ 14. $\frac{1}{40}$ 15. $\frac{1}{8}$

page 148 **Exercise 3**

1. 50%   2. 75%   3. 40%   4. 70%   5. 65%
6. 12·5% 7. 62·5% 8. 25%   9. 35%   10. 71%
11. (a) 56% (b) 82·5% (c) 70% (d) 55%
12. 8P = 62·5%, 8W = 60%, 8P highest
13. (a) 32% (b) 14% (c) 3%   (d) 81·5% (e) 140%
14. (a) 83% (b) 58% (c) 44% (d) 55%   (e) 67%
15. (a) 30% (b) 35% (c) 25% (d) 10%

page 149 Exercise 4

1. (a) RATIOS ARE FUN (b) GOLF IS MY GAME (c) HALF OF TEN IS FIVE

page 150 Cross numbers

A

¹3	4	5		²2	9		³7
3		⁴8	0	3		⁵1	9
⁶7	0	7		⁷5	⁸1	2	6
5		⁹5	¹⁰9	9	1	7	
	¹¹2		7		9		¹²1
¹³3	9	¹⁴9		¹⁵3	9	¹⁶2	5
1		¹⁷9	6	9		7	7
¹⁸5	0	0	0		¹⁹1	2	5

B

¹1	2	3		²1	3		³3
5		⁴1	9	2		⁵4	9
⁶9	3	4		⁷8	⁸1	1	8
9		⁹8	¹⁰1	3	0	1	
	¹¹7		2		0		¹²8
¹³2	8	¹⁴8		¹⁵9	1	¹⁶3	7
9		¹⁷5	7	0		3	8
¹⁸6	4	8	2		¹⁹1	9	4

C

¹2	2	5		²3	6		³1
7		⁴6	2	5		⁵9	0
⁶7	0	2		⁷5	⁸1	1	9
5		⁹1	¹⁰9	4	3	9	
	¹¹4		9		2		¹²2
¹³1	0	¹⁴6		¹⁵6	0	¹⁶1	7
0		¹⁷3	0	5		9	4
¹⁸5	1	4	0		¹⁹1	2	9

page 152 Hidden words

1. His glue does not stick
2. Beavers cut down trees
3. Soleil is sun in French
4. My cat chases only mice

page 154 Forestry problem

After 30 years type B is best, £1 791 000 profit.
After 50 years type C is best, £3 464 100 profit.
After 70 years type A is best, £4 916 600 profit.

page 157 Exercise 1

1. 4:1   **2.** 7:6   **3.** 2:3   **4.** 2:1
5. (a) 3:2   (b) 3:5   (c) 1:4   (d) 12:11   (e) 3:4   (f) 8:5
6. 15   **7.** 21   **8.** 500   **9.** 80
10. (a) 3:2:4   (b) 8:1:3   (c) 6:5:4   (d) 3:2:3   (e) 7:1:5   (f) 2:1:5
11. 8 peaches, 16 bananas   **12.** 30 home wins, 5 draws
13. 28 sheep, 21 cows   **14.** (a) 1:2   (b) 1:3   (c) 1:3   **15.** 2:3

page 159 Exercise 2

1. Alex 18, Debbie 12   **2.** mother £45, son £15
3. (a) 24 cm, 30 cm   (b) £36, £63   (c) 72 km, 60 km
    (d) £8, £12, £16   (e) 100 kg, 40 kg, 60 kg   (f) £200, £1800
4. 330 g   **5.** 6 tonnes
6. 6 black, 14 white   **7.** (a) 5:7   (b) 25:49
8. 45 g   **9.** 1:5   **10.** 2:5   **11.** 1:5   **12.** 1:4
13. 1:10   **14.** 1:8   **15.** 5:6:30   **16.** 3:7:30   **17.** 90°, 30°, 60°
18. 120°   **19.** 12 cm, 4 cm   **20.** 5:4   **21.** 28 years   **22.** 5:6
23. 2:5   **24.** 5:3
25. (a) The ratio approaches a value of about 1·618. This ratio is called the golden section. It is a ratio which is pleasing to the eye and occurs in Greek architecture. Ordinary postcards have their sides in the ratio of about 1·618

Book 8

page 161 *Exercise 3*

1. 30 m
2. 8 m
3. 400 m
4. 7 km
5. 90 km
6. 500 m
7. 1 km
8. 120 km
9. 60 cm
10. 15 cm
11. 17 km
12. 162 km
13. 1·35 cm
14. 1:190 080

page 162 *Exercise 1*

1. ×2
2, 3, 4. not enlargements
5. ×3
6. ×2

page 163 *Exercise 2*

8. 120 mm
9. 14 cm
10. $x = 1$ cm, $y = 18$ cm

page 166 *Exercise 4*

9. (f) △2 (1, 6), △3 (5, 6), △4 (8, 3), △5 (10, 11)
10. (a) s.f. 6, (13, 6)   (b) s.f. 2, (15, 4)   (c) s.f. $\frac{2}{3}$, (15, 12)   (d) s.f. 4, (16, 8)   (e) s.f. 3, (15, 6)
11. (d) A° (3, 7)
12. (a) s.f. 2, (6, 3)   (b) s.f. 3, (8, 1)   (c) s.f. 4, (9, 1)   (d) s.f. $1\frac{1}{2}$, (14, 1)   (e) s.f. $\frac{3}{4}$, (17, 1)
14. (g) Ratios: 4; 9; 16   (h) Ratio of areas = (scale factor)^2

page 170 *Exercise 1*

1. (a) $12 \to 72$, $n \to 6n$ (b) $8 \to 64$, $n \to 8n$ (c) $15 \to 150$, $n \to 10n$
2. (a) $20 \to 80 \to 81$, $n \to 4n \to 4n + 1$ (b) $12 \to 60 \to 59$, $n \to 5n \to 5n - 1$
3. (a) $3n$ (b) $5n$ (c) n^2 (d) $7n$ (e) $n + 1$ (f) n^3
   (g) $2n - 1$
4. (a) 2 – 14 – 15, 3 – 21 – 22, 4 – 28 – 29   (b) 2 – 6 – 4, 3 – 9 – 7, 4 – 12 – 10
   (c) 2 – 10 – 11, 3 – 15 – 16, 8 – 40 – 41   (d) 1 – 10 – 11, 2 – 20 – 21, 5 – 50 – 51, 10 – 100 – 101

page 172 *Exercise 2*

1. (a) 3   (b) 5   (c) 11
2. (a) 2   (b) 8   (c) 12
3. (a) 3   (b) 5   (c) 7   (d) 21
4. (a) 4   (b) 8   (c) 80
5. (a) 6   (b) 16   (c) 51
6. (a) 18   (b) 15   (c) 9
7. (a) 2   (b) 299
8. 5, 7, 9, 11, 13
9. (a) 3, 4, 5, 6, 7   (b) 5, 10, 15, 20, 25   (c) 9, 19, 29, 39, 49
   (d) −1, 0, 1, 2, 3   (e) 1, $\frac{1}{2}$, $\frac{1}{3}$, $\frac{1}{4}$, $\frac{1}{5}$ (f) 1, 4, 9, 16, 25

page 173 *Exercise 3*

1. $4n + 1$
2. (a) $3n + 4$ (b) $5n - 1$
3. $4n + 2$
4. $3n + 2$
5. (a) $2n + 6$ (b) $4n - 1$ (c) $5n + 3$
6. (a) $8n + 3$ (b) $2n + \frac{1}{2}$ (c) $3n - 10$
7. $3n + 1$
8. $3n$
9. $4n$
10. $2n + 1$
11. $4n + 1$
12. $2n + 2$
13. $4n + 2$
14. $n + 4$
15. $2n + 6$
16. $4n + 2$
17. $2n + 4$
18. $4n + 2$

page 178   **Exercise 1**

16. (3, 5)　　　　　**19.** (3, 4)　　　　　**20.** (2, 1), (4, 5), (6, 3)　　　　　**21.** 12 square units

page 181   **Exercise 2**

1. lines are parallel, $y = x + c$ cuts y axis at (o, c)　　　　**2.** Similar to **1**
3. Similar to **1**
4. (a) $(0, 7)$　　(b) $(0, -3)$　　　　**5.** $y = 6x + c$
7. Straight lines are $y = 3x + 2$, $y = 5x - 1$

page 182   **Exercise 3**

7. (a) Lowest value of y is $-2\cdot25$. It occurs when $x = 1\frac{1}{2}$.
8. $y = 8$　　　　　**9.** $x = 1\cdot9, 2\cdot4$

page 183   **Exercise 4**

1. (a) £26　　(b) £60　　(c) 400 miles
2. (a) (i) 79%　　(ii) 30%　　(b) 48 marks
3. (a) (i) 16F　　(ii) 28F　　(b) (i) £2·50　　(ii) £1·50　　(c) 6F　　(d) More expensive
4. (b) (i) 68°F　　(ii) 14°F　　(iii) 10°C　　(c) Stay at home
5. (a) 7 km per litre　　(b) 14 m.p.g.　　(c) 4 gallons
6. (a) £50　　(b) £15　　(e) Selmin cheaper for more than 40 pages

page 185   **Exercise 1**

1. A, D, H, K, M not congruent to any other shape. Congruent pairs are B/F, C/L, E/J, G/I
5. (a) BC　　　　　(b) BD　　　　　(c) DBC　　　　　(d) ACF

page 189   **Exercise 1**

(All in cm)
1. (a) 6·40　　(b) 5　　(c) 6·32　　(d) 13·6　　(e) 13　　(f) 9·43　　(g) 6·71　　(h) 9·90
2. (a) 6·93　　(b) 6·32　　(c) 5·29　　(d) 7·94　　(e) 4　　(f) 4·58　　(g) 5　　(h) 10·7
3. (a) 8·32　　(b) 3·12　　(c) 77·6　　(d) 29·8　　(e) 12·1　　(f) 5·66　　(g) 2·61　　(h) 8·03
4. 4·58 m　　　　**5.** 2·4 m　　　　**6.** 13·6 km　　　　**7.** 106 m　　　　**8.** Rectangle longer by 0·545 cm

page 191   **Exercise 2**

1. (a) $a = 4\cdot90$, $b = 6\cdot71$, $c = 5\cdot66$, $d = 7\cdot14$, $e = 4\cdot69$, $f = 6\cdot42$, $g = 7\cdot55$, $h = 10\cdot8$
2. 76·3 km　　　　**3.** 17·0 cm　　　　**4.** 13·4 feet　　　　**5.** 8·49 cm
6. height = 12·1 cm, area = 84·9 cm^2　　　　**7.** 14·1 cm
8. (a) Route 1, on main roads, is quicker　　(b) 0·107 hours
9. (a) 8·31　　(b) 8·06　　(c) 3·46　　(d) 2·83　　(e) 7·21　　(f) 5·29　　**10.** 12·5 cm^2
11. (a) 5·66　　(b) 8·06　　(c) 9　　　　**12.** 17·3
13. No. Diagonal is 5·59 m.
14. 3 cm　　　　　**15.** (a) 4·47　　(b) 2

Book 8

page 194 **Break the codes**

1. $\odot = 6, \nabla = 3, \square = 7, * = 1, \uparrow = 0, ? = 2, \ominus = 9, \pi = 5, \mp = 8, I = 4$.
2. $\odot = 4, \nabla = 6, \square = 1, * = 3, \uparrow = 9, ? = 0, \ominus = 5, \pi = 8, \mp = 2, I = 7$.
3. $* = 1, \ominus = 2, \odot = 3, \nabla = 4, \pi = 5, \mp = 6, \uparrow = 7, \square = 8, ? = 9$

page 195 **Puzzles**

1. (a) A = 7, B = 12, C = 11, D = 5
   (b) P = 8, Q = 5, R = 10, S = 11, T = 2
3. thirty-one
4. $(105 \div 7) \times 3 - 7 = 38$

5.

	9	26	33	45
11				
15				
22				

The numbers may be written in any order but 11, 15 and 22 must be on the short side.

6. 55 people, £101

7.

K	L	G	B	P
D	R	J	C	N

8. E

page 196 **Perimeters and common edges**

4 squares: $p = 16 - 2c$; 5 squares: $p = 20 - 2c$; 6 squares: $p = 24 - 2c$.
7 squares: $p = 28 - 2c$; n squares: $p = 4n - 2c$.
Triangles. 4 triangles: $p = 12 - 2c$; 5 triangles: $p = 15 - 2c$
   n triangles: $p = 3n - 2c$.
Hexagons. For n hexagons $p = 6n - 2c$.

page 198 **Logic problems**

1. 3□ 2. 2□ 3. 4∗ 4. 2∗ 5. 6△ 6. 2△
7. 3○ 8. 6□ 9. 3△ 10. 3□ 11. 3□ 12. 1○

page 199 **Diagonals**

(a) 13 (b) (i) 20 (ii) 29 (c) 289 (d) 400 (e) 60

page 200 **How many dots?**

1. (b) 396 (c) 3025 2. (a) 398 (b) 42 (c) 2450

page 200 **Around and around**

(a) converges to 6   (b) converges to $\dfrac{1}{N}$

Book 8

page 201 **Finding areas by counting dots**

For $i = 0$, $A = \frac{1}{2}p - 1$

For $i \neq 0$, $A = \frac{1}{2}p + i - 1$. This is Pick's theorem.

page 203 **Exercise 1**

1. (a) $\frac{1}{4}$ (b) $\frac{3}{4}$ (c) $\frac{1}{52}$ (d) $\frac{51}{52}$
2. (a) $\frac{1}{965}$ (b) $\frac{964}{965}$
3. (a) $\frac{1}{7}$ (b) 5 balls numbered 4
4. (a) $\frac{1}{6}$ (b) $\frac{1}{3}$
5. (a) $\frac{1}{9}$ (b) $\frac{2}{9}$ (c) $\frac{1}{3}$ (d) $\frac{4}{9}$
6. $\frac{2}{3}$
7. (a) $\frac{1}{5}$ (b) $\frac{1}{21}$ (c) 0
8. 91%
9. (a) $\frac{5}{16}$ (b) $\frac{15}{16}$ (c) $\frac{1}{16}$
10. Syline
11. (a) $\frac{5}{9}$ (b) $\frac{4}{9}$ (c) $\frac{1}{9}$ (d) $\frac{6}{11}$
12. (a) 80 (b) 240
13. (a) 300 (b) 150 (c) 100 (d) 100
14. (a) 116 (b) 420

page 206 **Exercise 2**

1. (a) $\frac{1}{11}$ (b) $\frac{2}{11}$
2. (a) (i) $\frac{1}{4}$ (ii) $\frac{1}{6}$ (b) (i) $\frac{1}{4}$ (ii) $\frac{5}{12}$
3. (a) (i) $\frac{1}{16}$ (ii) $\frac{1}{9}$ (b) (i) $\frac{1}{12}$ (ii) $\frac{1}{3}$
4. (a) $\frac{2}{5}$ (b) could be 3 red, 2 black (c) various
5. $\frac{1}{7}$
6. $\dfrac{x}{x + y}$
7. (a) $\frac{12}{49}$ (b) $\frac{3}{49}$
8. (a) £27 (b) 90 (c) 90 (d) £4·50
9. £10

page 208 **Exercise 3**

2. (a) $\frac{1}{9}$

(b)
Total	2	3	4	5	6	7	8	9	10	11	12
Probability	$\frac{1}{36}$	$\frac{2}{36}$	$\frac{3}{36}$	$\frac{4}{36}$	$\frac{5}{36}$	$\frac{6}{36}$	$\frac{5}{36}$	$\frac{4}{36}$	$\frac{3}{36}$	$\frac{2}{36}$	$\frac{1}{36}$

3. (a) $\frac{1}{6}$ (b) $\frac{5}{36}$
4. (a) $\frac{1}{6}$ (b) $\frac{1}{6}$
5. (a) $\frac{1}{6}$ (b) $\frac{1}{3}$ (c) $\frac{1}{18}$
6. (a) (1p, 10p), (1p, 20p), (10p, 20p) (b) (i) $\frac{1}{3}$ (ii) $\frac{1}{3}$
7. (a) (2, 3), (2, 6), (2, 7), (3, 6), (3, 7), (6, 7) (b) (i) $\frac{1}{6}$ (ii) $\frac{1}{3}$
8. (b) (i) $\frac{3}{25}$ (iii) $\frac{1}{50}$ (c) 1

page 211 **Exercise 4**

1. (a) $\frac{1}{6}$ (b) $\frac{31}{60}$
2. (a) $\frac{1}{2}$ (b) $\frac{61}{150}$ (c) Jenny, more trials
3. (a) $\frac{18}{40}$ (b) $\frac{10}{40}$ (c) $\frac{41}{80}$ (d) $\frac{18}{80}$ Yes: more results

page 212 **Exercise 1**

1. £72
2. £15
3. £7·29
4. £36
5. £30·80
6. £79·55
7. £1·10
8. £26·40
9. £204·40
10. £340
11. £13
12. £0·42
13. £580
14. £18
15. £29·75
16. 32

Book 8

17. £2·85	**18.** £0·28	**19.** £1·58	**20.** £1·19
21. £0·69	**22.** £0·80	**23.** £0·14	**24.** £1·92
25. £1·68	**26.** £0·03	**27.** £0·53	**28.** £10·86
29. £2·47	**30.** £1·52	**31.** £1·09	**32.** £4·15

33. (a) 91 (b) 49 **34.** (a) 441 (b) 392 **35.** (a) £29 900

page 213   **Exercise 2**

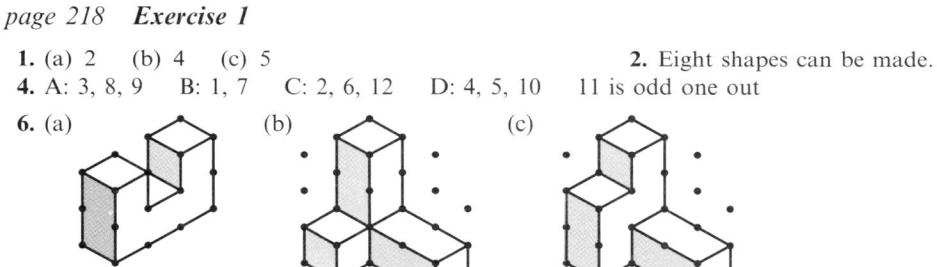

1. £6784   **2.** £48   **3.** 37·1 m.p.g.
4. 18·2 kg   **5.** 21·63 m   **6.** dice £15·60, radio £51·48
7. 52·8 kg   **8.** 2·673 kg   **9.** 604·8 g
10. £604·80   **11.** (a) 1·06 (b) 720   **12.** £83·20
13. £260   **14.** £432   **15.** £16·16
16. £2790   **17.** £110·70   **18.** £102
19. £7800   **20.** £6630   **21.** £21·69
22. £779·22

page 218   **Exercise 1**

1. (a) 2 (b) 4 (c) 5   **2.** Eight shapes can be made.
4. A: 3, 8, 9   B: 1, 7   C: 2, 6, 12   D: 4, 5, 10   11 is odd one out
6. (a)   (b)   (c)

page 222   **Exercise 1**

1. Henry 036°, Jane 061°, Carol 090°, Paul 119°, Wendy 163°, Janet 192°, Terry 214°, Mark 256°, Ann 314°, Stephen 324°.
2. G 035°, I 072°, A 085°, C 123°, F 139°, E 180°, B 200°, J 247°, H 280°, D 330°
3. Amy 060°, Ben 034°, Chris 146°, Don 225°, Eloise 270°, Fran 333°
4. (a) 054° (b) 077° (c) 057° (d) 108° (e) 203°
6. (a) (6, 5) (b) (4, 4) (c) (5, 3) (d) (5, 7) (e) (4, 7)   **7.** 110°, 260°, 130°

page 225   **Exercise 2**

1. 8·6 km   **2.** 7·7 km   **3.** 11·5 km   **4.** 8·7 km   **5.** 10·7 km
6. $077\frac{1}{2}°$ (±2°)   **7.** 9·6 km   **8.** (c) 113° (d) about 26 km/h.
9. 8·8 km on a bearing 022°   **10.** about 211° (±3°)   **11.** Sir Francis
12. (a) 041° (b) 18 km/h

page 228   **Exercise 1**

1. 30 cm³   **2.** 32 cm³   **3.** 72 cm³   **4.** 48 cm³   **5.** 54 cm³
6. 15 mm³   **7.** 6 cm³   **8.** 12 cm³   **9.** 10 cm³   **10.** 20 cm³
11. 22 cm³   **12.** 28 cm³   **13.** (a) 32 m³ (b) 64 m²
14. (a) 115 cm³ (b) 210 cm³

page 230 **Exercise 2**

1. 1000 times   2. 4200 m^3 3. 2 hours   4. 125 cm^3
5. (a) 8 cm^3 (b) 8 cm^3 (c) 6 cm^3
6. 300 000 cm^3 7. 3 hours 20 minutes
8. (a) $x = 2.5$ cm   (b) $x = 3$ cm   (c) $x = 1.5$ cm
   (d) $x = 1$ cm   (e) $x = 1.5$ cm   (f) $x = 5$ cm
10. (a) abc cm^3 (b) $2(ab + ac + bc)$ cm^2
11. 50 cm

page 233 **Exercise 2**

1. 24 cm^3 2. 77 m^3 3. 150 cm^3 4. 40 cm^3 5. 21 m^3
6. 115 cm^3 7. 210 cm^3 8. 160 cm^3 9. 584 cm^3

page 234 **Exercise 3**

1. 7.5 cm^2 2. 12 m   3. 80 litres
4. 120 litres   5. (a) 0.576 m^3 (b) 0.157 m^3 6. 14.8 kg
7. 8 h 45 mins

page 235 **Exercise 4**

1. (a) 302 cm^3 (b) 137 cm^3 (c) 29.0 cm^3 (d) 763 cm^3 (e) 157 cm^3 (f) 385 cm^3
2. (a) 251 cm^3 (b) 63.6 cm^3
3. 176 litres   4. 0.503 cm^3 5. 2510 m^3
6. No. There is 167 cm^3 left over   7. 61 min   8. 259 times
9. 14   10. 3270 cm^3
11. (a) Whole box, volume = 110 cm^3. One portion, volume = 12.2 cm^3 (b) 13.8 grams
12. 11 100 cm^3 (i.e. $\pi \times 14^2 \times 18$)   13. 1.43 cm

page 238 **Round the class: Master sheet**

1. $11 + 8$ 2. $19 - 10$ 3. $9 - 6$ 4. $3 + 15$
5. 18×2 6. $36 - 6$ 7. $30 \div 2$ 8. $15 + 6$
9. $21 - 7$ 10. 14×2 11. $28 + 7$ 12. $35 \div 5$
13. 7×3 14. $21 - 11$ 15. $10 + 3$ 16. 13×2
17. $26 - 15$ 18. $11 + 7$ 19. $18 \div 6$ 20. $3 + 12$
21. 15×2 22. $30 + 3$ 23. $33 \div 11$ 24. $3 + 7$
25. 10×12 26. $120 \div 2$ 27. $60 \div 20$ 28. $3 + 9$
29. 12×2 30. $24 + 6$ 31. 30×3 32. $90 \div 10$
33. $9 - 5$ 34. 4×3 35. $12 + 10$ 36. 22×0
37. $0 + 16$ 38. $16 \div 4$ 39. $4 - 1$ 40. 3×5
41. $15 + 15$ 42. $30 + 10$ 43. 40×2 44. 80×10
45. $800 - 500$ 46. $300 \div 100$ 47. $3 + 8$ 48. 11×7
49. $77 - 17$ 50. 60

Book 8 27

START

(11) You're next if you have this +8	(30) You're next if you have this ÷2	(7) You're next if you have this ×6
(19) You're next if you have this −10	(15) You're next if you have this +6	(42) You're next if you have this −30
(9) You're next if you have this −6	(21) You're next if you have this −7	(12) You're next if you have this +1
(3) You're next if you have this +15	(14) You're next if you have this ×2	(13) You're next if you have this ×2
(18) You're next if you have this ×2	(28) You're next if you have this +7	(26) You're next if you have this −10
(36) You're next if you have this −6	(35) You're next if you have this ÷5	(16) You're next if you have this +4
(20) You're next if you have this +7	(10) You're next if you have this ×12	(32) You're next if you have this ÷16
(27) You're next if you have this −17	(120) You're next if you have this −50	(2) You're next if you have this +75

Book 8

㉙ You're next if you have this ×2	㉠ You're next if you have this −31	㉘ You're next if you have this −8	
㉚ You're next if you have this −37	㊹ You're next if you have this −6	⑤ You're next if you have this ×5	
㉝ You're next if you have this ×3	㊳ You're next if you have this ×2	㉕ You're next if you have this +12	
㊿ You're next if you have this −94	㊻ You're next if you have this −36	㊲ You're next if you have this ×0	
⓪ You're next if you have this +17	㊵ You're next if you have this ×2	㊼ You're next if you have this −17	
⑰ You're next if you have this +14	㊿ You're next if you have this ×10	㊿ END	
⑧ You're next if you have this +15	⑥ You're next if you have this ×4	㉛ You're next if you have this −9	800 You're next if you have this −500
㉓ You're next if you have this +9	㉔ You're next if you have this ÷3	㉒ You're next if you have this ×2	300 You're next if you have this ÷50

Book 8

page 199 *Crossnumbers*

1.

2	3	5		2	3
5	3	9		5	7
8	7		2	4	5
1		2	7	0	8
4	2		1	4	6
	6	9	5		

2.

4	2	1	5		2	4	7
6	4		4	2	1	3	
5	4	3	7	4		1	8
1		6	0	8		7	7
4	3	9	4		4		2
	3	1		2	1	6	3
4	2	8	3		3	3	4
7			3	3	3		

3.

1		6	6	1	5	2	
4	2	3	5	8	2	4	
5	2			5	4	5	2
	8	9	6		8		4
6	6	1	4	5		5	6
2		6	6	2	7	2	
4	3	7		3	7	4	
1	6	1	4	5		9	0

4.

1	4	7	8		2	9	1	6	3
4	3		2	5	2	3		1	4
2	9	6	1	3		5	6	0	1
5		3	4	1		4	7	9	8
1	9	7	6		1	2	3		2
	8	1		8	4	3	5	9	
1	3	2	5		5	4	8	7	5
6	5		6	7	0			2	6
8	1	7	1		2	9	8	7	2
7	4	0	1	3	6		2	3	1

5.

3	5	1	4		2	9	6	6	6
1	9		3	5	1	7		9	0
8	2	6	1	4		3	4	3	7
7		2	0	6		3	0	4	8
3	2	1	4		2	7	6		3
	3	1		9	3	6	5	4	
3	5	4	4		5	4	7	3	2
2	8		1	3	7			1	5
4	1	2	2		8	0	7	5	1
4	5	2	7	0	5		7	8	3

page 241   *Fraction, Decimal, Percentage Cards (photocopiable)*

$\frac{1}{10}$	$\frac{10}{100}$	10%	0.1	$\frac{1}{4}$	$\frac{25}{100}$
25%	0.25	$\frac{1}{2}$	$\frac{50}{100}$	50%	0.5
$\frac{3}{4}$	$\frac{75}{100}$	75%	0.75	$\frac{1}{1}$	$\frac{100}{100}$
100%	1.0	$\frac{1}{5}$	$\frac{20}{100}$	20%	0.2

page 242   Test 1

1. C	2. A	3. B	4. C	5. C	6. A
7. B	8. C	9. B	10. D	11. A	12. A
13. B	14. B	15. C	16. B	17. D	18. A
19. D	20. B	21. D	22. B	23. C	24. D
25. C					

page 243   Test 2

1. C	2. D	3. C	4. D	5. B	6. D
7. B	8. B	9. C	10. B	11. C	12. C
13. A	14. A	15. C	16. A	17. A	18. B
19. D	20. B	21. A	22. B	23. C	24. C
25. A					

Book 8

page 245 **Check-up**

	1.	2.	3.	4.	5.	6.	7.	8.
A	145	173	443	102	116	28	1070	1848
B	15·1	18·6	57	6·9	106·5	2·64	0·21	43
C	24	48	$\frac{3}{10}$	$\frac{9}{16}$	$\frac{1}{4}$	$\frac{1}{2}$	$\frac{7}{8}$	$\frac{2}{3}$
D	£6	£4	£315	£36	6 kg	45%		
E	3	-8	-12	6	20	0	-6	-3
F	200	20	300 000	200				
G	3	32						

page 246 **Operator squares**

1.

1.8	×	5	→	9
÷		×		
3	×	$8\frac{1}{2}$	→	$25\frac{1}{2}$
↓		↓		
0.6	+	$-3\frac{1}{2}$	→	-2.9

2.

100	÷	1000	→	0.1
×		−		
7.75	+	368	→	375.75
↓		↓		
775	−	632	→	143

3.

-2	−	-16	→	14
+		×		
$4\frac{1}{2}$	÷	3	→	$1\frac{1}{2}$
↓		↓		
$2\frac{1}{2}$	+	-48	→	$-45\frac{1}{2}$

4.

49	÷	7	→	7
×		×		
2	−	2	→	0
↓		↓		
98	−	14	→	84

5.

-5	×	0.5	→	-2.5
×		÷		
6	×	0.25	→	1.5
↓		↓		
-30	+	2	→	-28

6.

-7	−	-4	→	-3
+		×		
8	×	-2	→	-16
↓		↓		
1	−	8	→	-7

7.

$\frac{1}{8}$	×	-2	→	-0.25
÷		×		
0.5	+	5	→	5.5
↓		↓		
0.25	+	-10	→	-9.75

8.

0	×	3	→	0
×		÷		
$\frac{1}{2}$	×	-2	→	-1
↓		↓		
0	+	-1.5	→	-1.5

9.

0.6	÷	2.4	→	0.25
+		×		
7.2	+	-9.5	→	-2.3
↓		↓		
7.8	−	-22.8	→	30.6

10.

9.3	×	5	→	46.5
÷		+		
2	−	−10	→	12
↓		↓		
4.65	+	−5	→	−0.35

11.

58	÷	9	→	6.4̇
−		+		
70.8	+	1.4	→	72.2
↓		↓		
−12.8	×	12.6	→	−161.28

12.

$\frac{1}{2}$	+	$65\frac{3}{4}$	→	$66\frac{1}{4}$
−		+		
56	÷	$\frac{1}{4}$	→	224
↓		↓		
$-55\frac{1}{2}$	+	66	→	$10\frac{1}{2}$

13.

−7	×	−3	→	21
+		+		
$-3\frac{1}{2}$	÷	$-\frac{1}{2}$	→	7
↓		↓		
$-10\frac{1}{2}$	÷	$-3\frac{1}{2}$	→	3

14.

5	÷	9	→	0.5̇
÷		×		
−50	+	(−1.5)	→	−51.5
↓		↓		
−0.1	×	−13.5	→	1.35

15.

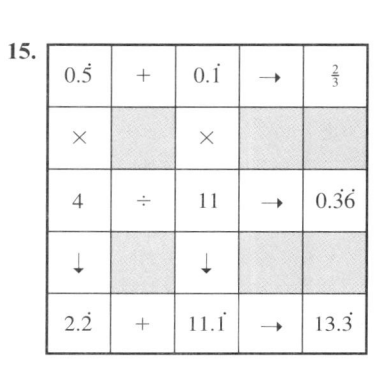

0.5̇	+	0.1̇	→	$\frac{2}{3}$
×		×		
4	÷	11	→	0.3̇6̇
↓		↓		
2.2̇	+	11.1̇	→	13.3̇

page 248 **Revision exercise 1**

1. (a) −11 (b) −16 (c) 4 (d) −1 (e) 5 (f) −8
    (g) 0   (h) 0
2. (a) $2x + 1 = 3x − 6$ (b) $x = 7$, area $= 135\,\text{cm}^2$
3. (a) 1·6 (b) 1·1 (c) 12·4 (d) 103·2 (e) 0·3 (f) 1·5
4. (a) 25·1 cm
7. (a) 20·28 (b) 100·94 (c) 9·24 (d) 0·2 (e) 200 (f) 2·97
8. 9·42 cm   **9.** (a) 8 (b) $1\frac{4}{7}$
10. $7\frac{1}{2}$ cm   **11.** 3   **12.** 54° or 57°
13. (a) 5·87 (b) 1·45 (c) 3·49 (d) 1·54 (e) £24·53

page 250 **Revision exercise 2**

1. (a) 5000 (b) 10 (c) 100 (d) 20 (e) £20
2. (a) 072° (b) 252°
3. (a) 10 cm (b) 24 cm^2 (c) 4·8 cm
4. (a) 3·9 (b) 4·2 (c) 11·7
5. (a) 40 (b) 5·8 (c) (i) 6 (ii) 6
6. (a) 18 (b) 25
7. (a)

b	3	5	7
w	3	10	21

(b) $b = 9$, $w = 36$ (c) 55 (d) 17

8. (c) Maths and Geography: no correlation; History and Geography: strong positive correlation
   (d) Pupil I: Maths mark impossible to estimate; History mark about 32.
9. 61·1%   **10.** (b) (i) $\frac{1}{10}$ (ii) $\frac{1}{15}$ (c) $\frac{1}{6}$
11. Rotation 90° anticlockwise about (4, 4)

Book 8 33

page 252 Revision exercise 3

1. (a) 80 km/h   (b) 40 km/h   (c) 10 km   (d) 43·6 km/h
2. 3   4. (a) (i) 0·22   (ii) 0·625   (iii) 0·07   (b) 65%   (c) 0·01, 10%, 0·11, $\frac{1}{9}$
5. $x = 4\cdot69$ cm, $r = 2\cdot65$ cm   6. 3·9 kg
7. $152\cdot7 \times 2\cdot01$ 8. $5\frac{1}{2}$ square units   9. (a) 1160 cm^3 (b) 9420 cm^3 (c) 2260 cm^3
10. 196 times   11. (a) 6·93 cm   (b) 27·7 cm^2
12. (a) Rotation, 90° anticlockwise about (2, 5)   (b) Reflection in $x = -1$
    (c) Reflection in $y = x$ (d) Enlargement, scale factor 3, centre (5, 3)
13. (b) (i) Rotation 180°, centre (3, 1)   (ii) Enlargement, scale factor 3, centre (4, 5)
14. (a) Not correct: there is no correlation
    (b) Teacher's theory is wrong. Those who watched more television did better in the tests.